TRIBUNAL CORRECTIONNEL DE LIMOGES

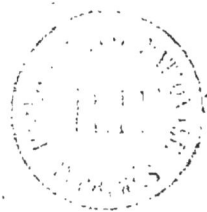

PLAIDOIRIE

DE

Mᶜ FERNAND ROUX

AFFAIRE DES COURSES DE TAUREAUX

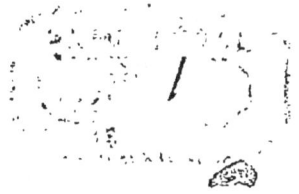

PRIX : 20 CENTIMES

NIMES

IMPRIMERIE MODERNE GUSTAVE GORY

12, rue de la Banque, 12

1895

TRIBUNAL CORRECTIONNEL DE LIMOGES

LES

COURSES DE TAUREAUX

Plaidoirie de Mᵉ Fernand ROUX

MESSIEURS,

Permettez-moi de vous dire au début de ma plaidoirie que le procès que vous avez à trancher est des plus graves, grave pour les intérêts de la ville de Nimes qui voyait affluer à chaque course plus de dix mille étrangers, grave pour nos pauvres, à qui ce spectacle procurait d'abondantes ressources, grave enfin parce qu'il s'agit d'une atteinte à la liberté, et à cet égard, ce procès ne doit laisser personne indifférent.

Nos courses, je ne vous en ferai pas l'historique. Elles se confondent jusque dans les temps les plus reculés avec notre existence locale. Jules César les a vues en Gaule. Nos arènes portent sur leurs portiques deux têtes de taureaux, témoignage immortel des goûts de nos pères, et ces goûts sont les nôtres, plus vivaces que jamais. Sans remonter au delà de notre siècle, en 1810 eut lieu une grande course que j'ai entendu raconter quelquefois par nos anciens. A l'occasion de son mariage Napoléon voulut que la

France entière s'amusât. Mais le tyran eut cette belle idée que nos hommes de liberté feraient bien de lui emprunter, il voulut que chacun s'amusât selon ses goûts. A Nimes, à l'unanimité on demanda une course espagnole. Depuis, nos arènes peu à peu restaurées ont vu défiler ce que l'Espagne compte de plus illustre dans la tauromachie. Quelles impressions ces inoubliables spectacles ont laissées dans l'âme de tout un peuple, car c'est tout un peuple qui se réunit aux Arènes, quelle place elles tiennent dans nos souvenirs, je ne saurais vous le dire, il faudrait pour s'en rendre compte parcourir la ville tout entière la veille de la corrida. De quoi parle-t-on partout, de la course du lendemain ; les anciens qui furent émerveillés par Cucharès, Dominguez et Tato n'ont qu'un désir : revoir ce qu'ils ont vu et les jeunes affirment que nul dans le passé n'a pu avoir le courage souriant d'Espartero, ou la grâce impeccable de Guerrita.

Dans ces dernières années, les courses ont été plus nombreuses que par le passé, mais elles étaient mieux organisées, les chevaux dont je vous ferai connaître le rôle dans quelques instants étaient munis d'un triple caparaçon, en cuir, en métal, en feutre et efficacement protégés contre l'atteinte du taureau. Nous jouissions dans la plus parfaite tranquillité de notre grand spectacle favori. Qui donc aurait songé à se plaindre, les enthousiastes étaient dans le ravissement, les indifférents ou ceux qui par principe (ils sont bien rares) sont restés les adversaires de la corrida n'étaient pas sans remarquer quelle animation ces spectacles donnaient à notre ville, les profits qu'elle en retirait. Ils pensaient aussi aux pauvres, et ils faisaient taire leurs goûts, leurs préférences intimes en considération des misères que les corridas permettaient de soulager. Tout à coup une campagne de presse va commencer contre nous. Des journalistes, au nombre desquels je vois avec un certain plaisir figurer M. Edmond Magnier, s'adressent au gouvernement et demandent l'application de la loi. Le Conseil municipal de Paris, estimant sans doute qu'au point de vue de la moralité, il n'y avait plus rien à faire dans la capitale, exprima le vœu que les courses fussent interdites à Nimes. Cette campagne était-elle bien pure dans ses origines. Des événements récents nous ont fait connaître la presse sous son véritable jour ; s'il y a des plumes indépendantes, il y en a beaucoup de vénales. Les courses de Nimes faisaient concurrence à celles de Barcelone, celles de Bayonne, Dax et Mont-Marsan menaçaient de ruiner celles de St Sébastien. Ne seraient-ce pas les impresarii espagnols qui auraient appris, espèces sonnantes à nos vertueux journalistes, qu'il y avait en France une loi Grammont ? A la tête de nos adversaires s'est placée une femme d'un merveilleux talent, fait d'imagination et d'exquise sensibilité, je ne mets pas en doute sa sincérité. N'ayant jamais vu nos courses, incapable de les juger sainement, Séverine s'est imaginée que nous nous faisions un spectacle de la souffrance et de la mort, et elle s'est jetée avec toute la fougue de son âme et le prestige de son talent dans le camp de nos adversaires. — Nous avons à nous reprocher de n'avoir pas cherché à la ramener à nous, que dis-je, nous l'avons mystifiée.

Chaque jour un mauvais plaisant prenant un nom d'emprunt, un jour un curé, le lendemain un berger, lui adressait de prétendus renseignements. C'étaient des énormités sur lesquelles Mme Séverine se jetait comme sur une proie. Le lendemain quel éclat de rire, parmi nous ! Mais notre éclat de rire n'allait pas bien loin, et Séverine avec une bonne foi toute féminine sachant qu'elle avait été mystifiée, n'en continuait pas moins à se servir de ses prétendus renseignements ; elle a été même assez heureuse pour en faire accepter quelques-uns par M. le Procureur général Manau.

Comment aurions-nous pu concevoir la moindre crainte, nous avions tous les pouvoirs publics pour nous, l'administration, la magistrature ; de tout temps les taureaux de course avaient été considérés comme des animaux sauvages, il ne pouvait venir à la pensée de personne qu'une décision de justice pourrait les transformer en animaux domestiques. D'ailleurs le ministère a pris parti pour nous, il est sorti de la neutralité qu'il avait observée jusque-là, pour nous donner un véritable encouragement. Nous voulions voir Guerrita, l'artiste incomparable, mais Guerrita était frappé d'un arrêté d'expulsion, le ministre seul pouvait lever

l'interdit, le ministre sur notre demande permet à Guerrita de
venir à Nimes prendre part à la course du 16 septembre. Cette
journée restera inoubliable dans nos souvenirs. Le soleil pour la
première fois nous trahit, à 3 heures 1|2 la pluie tombait en abon-
dance, à 4 heures 1|4 elle cesse, la course commence. Ce fut une
merveille. Guerrita fut supérieur à lui-même, et la ville entière
le soir même et le lendemain retentissait des exclamations enthousiastes de ceux qui avaient vu, et des regrets de ceux que le
mauvais temps avait effrayés. Nous le reverrons bientôt, répé-
tait-on de toutes parts. Tout à coup le 26 septembre, le même
ministre qui huit jours auparavant s'était si énergiquement pro-
noncé pour nous, va ordonner au préfet de prendre un arrêté
d'interdiction. Quelle suite dans les idées ! Nos ministres, paraît-
il, ont quelquefois de ces illuminations soudaines. Je ne peux
pas vous dire l'émotion qui s'empare de la ville. Le conseil municipal se réunit immédiatement et prend une délibération très
énergique, vous la trouverez dans mon dossier. Un meeting
réunit plus de 5,000 personnes. Plus de division entre nous, toutes nos querelles politiques, religieuses se taisent pour le moment,
pour faire place à un accord unanime. Nous voulons nos courses.
Une délégation fut chargée de se rendre auprès de M. le Ministre.
Il faut que je vous dise un mot de cette entrevue. Le Ministre qui
était censé (1) avoir pris l'arrêté semblait tout ignorer. Les
intérêts de la ville, ceux des pauvres qu'il lésait si gravement, il
ne les soupçonnait pas, il se bornait à dire, et bien timidement :
c'est la loi, c'est la loi, et on lui montrait avec preuves à l'appui

_____

(1) M. Dupuy et encore moins M. Leygues ne peuvent être
considérés comme responsables des arrêtés qui ont été successivement pris dans l'affaire des courses. Notre véritable ennemi, c'est
M. Hennequin, le directeur des affaires communales et départementales. Il ne s'en est pas caché. Il a dit avec une gravité inimitable :
« Depuis 2 ans, j'étudie la philosophie des courses » — et comme
on lui demandait pourquoi il les avait interdites à Bayonne, à
Nimes, et non à Arles, il répondit : je croyais qu'Arles était dans le
département du Gard. A quoi tiennent les choses, si M. le Directeur
des affaires départementales avait employé à l'étude de la géogra-
phie de la France, une partie du temps qu'il consacra à méditer sur
les courses de taureaux, nous jouirions encore de notre spectacle.

que la loi Grammont n'avait jamais été appliquée à nos courses, et qu'elle ne pouvait pas leur être appliquée.

Le Ministre comprenant qu'on l'avait trompé, n'osait pas revenir sur son arrêté, il était cloué à son erreur ; c'est la loi, disait-il de plus en plus timidement. Un membre du Comité prenant alors la parole lui dit : M. le Ministre, c'est la loi dites-vous, c'est votre avis aujourd'hui, mais dans un pays comme le nôtre, il n'est pas admissible que la volonté d'un ministre se substitue à la décision des magistrats ; si c'est la loi, ordonnez des poursuites, les tribunaux jugeront et nous serons fixés. Le Ministre accueille avec empressement cette solution, mais notre ami reprenant la parole, dit : nous voulons un débat complet, aussi large que possible, il faut poursuivre tous ceux qui ont participé de près ou de loin à la contravention, les auteurs, les complices. Je ne demande pas mieux, disait le ministre, enchanté de voir qu'on le débarrassait d'une responsabilité. C'est entendu, j'ordonne des poursuites contre les auteurs, contre les complices, d'ailleurs ajouta-t-il de son air le plus aimable, c'est une consultation que nous allons demander aux tribunaux, et s'il y a condamnation, ne serait-ce qu'à un franc d'amende, je ferai une démarche auprès du Président de la République. Le Ministre croyait l'entretien terminé, lorsque notre ami reprenant la parole... il ne faut pas qu'il y ait de surprise, dit-il, vous savez Monsieur le Ministre, que se rend complice d'un délit celui qui en a facilité l'exécution. Or en accordant à Guerrita expulsé un sauf-conduit pour venir commettre le prétendu délit, vous vous êtes rendu complice... vous serez donc poursuivi avec nous. Le ministre interloqué, se rassied, il retient nos amis qui allaient sortir, il parle seul, comme un homme qui cherche une idée, puis il finit par dire : Non, réflexions faites, je n'ordonne pas de poursuite. Comment, le délit est là flagrant, datant de 8 jours à peine et vous ne poursuivez pas, mais alors nous allons continuer comme par le passé, et nous allons donner une course le 14 octobre. Faites ce que vous voudrez, dit le Ministre. — Immédiatement la course s'organise. Ce n'est pas une course, c'est une manifestation. Le Midi tout entier doit être là. Quelle foule dans notre ville, et sur tous les visages la même expression de joie débordante. Tous ceux qui sont l'honneur et l'ornement de notre pays sont au milieu de nous, on se les montre, et entre tous avec sa bonne et fière allure, sous son large feutre, Mistral, le frère méridional de Gounod et de Lamartine.

Ce spectacle, puisque vous avez à le juger, il faut que je vous le décrive. Mais, pour vous en décrire les splendeurs, il faudrait l'âme d'un poète ; les photographies que je vous ai montrées suppléeront dans une certaine mesure à mon insuffisance. J'entre aux Arènes quelques instants avant la course, vous connaissez ces ruines imposantes, un des plus beaux vestiges de l'art romain, le monument disparaît sous les masses humaines. A voir du sommet jusqu'en bas ces milliers d'ombrelles sombres ou éclatantes sous le soleil qui a retrouvé ses rayons de juillet, on dirait une végétation fantastique poussée dans un cratère à peine éteint.

Trois heures sonnent. C'est l'heure. Apparaît alors à la tribune de la Présidence, seule place restée vide, Mistral, entouré du Comité, de la Municipalité, de tous les élus. La *Marseillaise* éclate, tous les bras se tendent, s'agitent, un peuple entier, debout, frénétique, acclame son poète. Un signe et la porte s'ouvre ; deux alguazils richement costumés s'avancent au trot de leurs chevaux fringants, jusqu'aux pieds de la tribune, ils saluent et demandent l'autorisation de présenter les quadrilles, au galop ils traversent l'arène et vont prendre la tête du cortège, six matadors sur la même ligne, après eux les banderilleros, puis comme fond de tableau, les picadors à cheval ; les mules richement caparaçonnées, tenues en mains par les garçons de service. Ils défilent lentement le buste enveloppé dans la cape de soie et d'or, fiers et graves. Cabotins, diront ceux qui n'ont jamais vu, comme s'il y avait place pour le cabotinage, quand le péril est grave, nous qui les connaissons bien, nous voyons sur leur visage la trace de la fervente prière qu'ils adressaient il y a quelques instants à peine à leur saint de prédilection pour invoquer sa protection ; ils s'inclinent devant la Présidence, et pendant qu'ils échangent leur cape de luxe pour la cape ordinaire, l'alguazil

reçoit la clé du toril. Le quadrille prend ses dispositions de
combat. A quinze mètres de la porte du toril, acculé à la bar-
ricade, le premier picador et quelques mètres plus loin le second
picador. Ils sont à cheval, le cheval alourdi par le triple caparaçon que je vous ai dépeint, tenant en main une pique de 3 mètres 50 de long terminée par une pointe en acier qui émerge de
10 à 12 millimètres d'un bourrelet de ficelle ; matador et banderilleros sont à côté ; ils n'ont entre les mains que leur cape. Le
toril s'ouvre, le taureau sort au pas. Rien n'égale sa majesté
quand il parcourt du regard la foule assemblée. Permettez-moi
ici de vous mettre en garde contre les assertions de M. le Procureur général Manau. Ce magistrat dans son réquisitoire pré-
tend que le taureau a été l'objet d'une préparation, on lui aurait
donné, mélangé à son avoine, de l'alcool, et même quelques
gouttes de vitriol, puis avec des procédés de maquignon, on lui
aurait posé une éponge de thérébentine ailleurs que sous le nez.
M. le Procureur général a pris au sérieux les renseignements du
mystificateur de Séverine, et si M. le procureur de la République veut s'approprier les allégations de son chef, je le mets au
défi d'apporter une autorité sérieuse.

M. le Procureur général dit encore, se vantant de faire la leçon
aux initiés de la corrida, le taureau est furieux parce qu'au moment où il va sortir on lui plante dans le garrot la devise, c'est-
à-dire un flot de ruban muni d'un harpon en fer. Qu'il me suf-
fise de répondre pour le moment, que dans la plupart des cas, le
taureau sort sans devise. Le voilà donc sortant du toril, au pas,
superbe, puis tout à coup comme s'il était mû par un prodi-
gieux ressort, il bondit, il fond sur le cheval qui est à dix mètres
de lui. Le picador le frappe au garrot et appuyant sur sa pique il
le détourne et préserve sa monture, le taureau se précipite sur le
torero qui est là, l'homme d'un mouvement de son manteau a
trompé le taureau qui donne son formidable coup de corne à quelques centimètres de son corps, le taureau se retourne avec une
vivacité inexprimable, l'homme est encore en garde et sa seule
cape à la main, il se joue de la fureur de son adversaire. Mais le taureau revient encore sur le cheval. Que voyons-nous ? Le picador

n'a pu résister à la violence du choc, l'homme et le cheval sont
par terre, la mort est là, mais le matador est à son poste, à quelques pas du picador, il se présente à la tête du taureau, il faut
qu'il sauve son picador, le taureau se jette sur ce nouvel adversaire ; deux ou trois mouvements de la cape et le taureau est
détourné, cette rapide scène qui avait commencé par les plus
vives angoisses, se termine par le spectacle de l'élégance se jouant
de la fureur.

Le taureau reçoit ainsi sept ou huit coups de piques, et non pas
trente ou quarante comme a dit **M. Manau**, qui considère décidément Séverine, comme infaillible. Mais pourquoi cette scène,
pourquoi les picadors, pourquoi les chevaux dans l'arène, je
m'expliquerai dans quelques instants quand je vous dirai que la
course est un drame, soumis à des règles d'esthétique très pré-
cises. Quand le taureau sort, c'est la fougue furieuse ; certes ses
brillants adversaires ne le redoutent pas, et nous en avons eu la
preuve dans les merveilleuses passes de manteau, mais le taureau a la tête haute, il bondit, il s'agite ; pour se mesurer avec
le matador dans son duel suprême il faut plus de calme.
Mettez en présence d'un duelliste de science et de sang-froid,
un adversaire fougueux, mais inexpérimenté qui donne des coups
à tort et à travers. Quel intérêt au point de vue de l'art présen-
terait ce combat. Eh bien, à sa sortie, le taureau est ce com-
battant fougueux et inexpérimenté, il faut que cette fougue
tombe, et dans l'organisation de la course espagnole tout tend
vers ce but, jeu du picador, puis après jeu du banderillero.

Une sonnerie a retenti, les picadors s'éloignent, les banderilleros entrent en scène — ils ont entre les mains deux fuseaux
de bois de 60 centimètres de long terminés par un harpon en fer,
et couverts de fleurs en papier. Le banderillero se place en face
du taureau à 7 ou 8 mètres environ, l'appelle, fixe son attention,
puis tout à coup il s'avance vers le taureau, le taureau fond sur
lui, et au point de la rencontre, le banderillero a planté ses fuseaux sur le garrot du taureau, évitant le coup de corne par un
mouvement dont nos yeux ne peuvent pas se rendre compte. Je
voudrais vous décrire les différentes poses de banderilles. J'ai

vu des merveilles d'audace et d'élégance, voici les banderilles à la chaise, l'homme est assis, le taureau se précipite, l'homme se redresse, plante les banderilles, et le taureau fait voler la chaise. Une autre fois l'homme appelle le taureau, le taureau fond, l'homme incline légèrement d'un côté, puis au moment où le taureau va frapper, il incline de l'autre côté, pose ses banderilles, le taureau manque l'homme dont les pieds n'ont pas fait un mouvement, et notez que pour que ces jeux soient possibles, il faut que le taureau se précipite de toute sa vitesse, s'il venait avec lenteur, il pourrait rectifier sa direction et l'homme serait perdu. Quelle précision ne faut-il pas dans les mouvements, un quart de seconde trop tôt ou trop tard et l'homme ne serait qu'une loque sanglante.

Une autre sonnerie vient de retentir, le taureau a reçu 3 paires de banderilles. Voici le matador qui s'avance au pied de la tribune, il salue, il dit son serment. Il a entre ses mains la muleta, un petit manteau rouge enroulé autour d'un morceau de bois, et l'épée, la lourde épée du matador ; d'un geste il éloigne son quadrille, et il se dirige vers le taureau, la plupart du temps seul. Le duel va commencer, duel singulièrement émouvant, car l'homme paraît bien frêle et son adversaire bien formidable, s'il n'a plus la fougue des premiers instants, il a encore toute sa force, au lieu de frapper au hasard, il calcule mieux ses coups. L'homme est là en face de la bête, la muleta légèrement en avant, ou par côté. La bête bondit, sa corne a frappé la muleta, elle se retourne, mais quelle que soit sa vivacité, l'homme plus vivement encore s'est mis en garde, la muleta en avant, mais sans agitation ni fébrilité. La bête se rue dix fois, vingt fois et toujours c'est la muleta seule que sa corne fait sauter. Le maître déploie toute sa science, et nous émerveille par la précision et la grâce de ses mouvements; des mouvements il n'en fait presque plus, ses pieds semblent cloués au sol, seule la muleta se meut avec une gracieuse lenteur, d'un côté, de l'autre, toujours opposée à l'attaque, décrivant dans les airs ou sur le sol d'impeccables dessins. Ce spectacle est bien digne d'admiration, l'homme en tête-à-tête avec l'animal le plus formidable de la création, et qui se joue de sa fureur, n'ayant pour tout bouclier, qu'un haillon rouge. Mais il faut un dénoûment. Jusqu'ici l'homme a simplement évité le taureau, il n'y a encore ni vainqueur ni vaincu, l'homme n'a pas affirmé sa supériorité. Le moment solennel est venu, le taureau est cadré, c'est-à-dire que les deux pieds de devant sont sur la même ligne, la tête horizontale, l'œil fixé sur l'hypnotisante muleta, le maître est à deux pas de lui, de la main gauche il tient la muleta qu'il place entre le taureau et lui, à la main droite a brillé l'épée, il vise, se jette sur le taureau. Que voyons-nous, l'épée qui a frappé le garrot est enfoncée jusqu'à la garde. Une fois de plus le taureau qui s'est jeté sur l'homme au moment où l'homme se jetait sur lui, n'a frappé que la muleta, la corne frôlant la poitrine.

Le taureau resté debout, va s'effondrer, El Gallo, à genoux, semble dire un dernier adieu à un adversaire qui fut digne lui. Le taureau tombe, la foule acclame le vainqueur, et ces acclamations durent encore quand le second taureau bondit dans l'arène. Six taureaux ont successivement paru dans le cirque. Les matadors ont rivalisé de courage et d'audace, le procès-verbal constate que chaque taureau a été tué d'un seul coup d'épée. Le sixième taureau vient de tomber sous l'épée du plus jeune matador, la course est finie, la foule tout entière se tourne vers Mistral, et par des acclamations, comme vous n'en entendrez jamais, elle salue son poète, en qui ce jour-là une fois de plus s'incarna la cause de nos libertés locales.

Le lendemain nous apprenions que le Ministre qui avait refusé d'ordonner des poursuites pour la course du 17 septembre, avait fait dresser procès-verbal. Permettez-moi de vous dire que les poursuites ne nous effrayaient guère, il ne peut pas se trouver un juge, bien informé, capable de déclarer que le taureau de combat est un animal domestique, et nos juges, vos collègues, sont pour la plupart des fervents de la corrida. Aussi bien M. le juge de paix de Nimes prononça-t-il l'acquittement — Pourvoi en cassation. Comment serons-nous jugés par des hommes qui n'ont jamais vu notre spectacle, qui vivent dans un milieu hostile ? Soyez sans crainte, répondait-on, la Cour de Cassation est l'esclave de la loi. Le fait ne l'émeut pas, et quels que soient ses sentiments intimes sur le spectacle — elle répondra, la loi ne s'applique pas. — Ne nous a-t-elle pas donné récemment des exemples de son impassibilité en couvrant du bouclier de la loi des hommes pour lesquels elle devait éprouver le plus profond mépris.

Notre déception a été grande. M. le Procureur général au lieu de rester l'homme de la loi, s'est livré à une philippique contre nous, et la Cour de Cassation a changé la définition qu'elle avait donnée de l'aminal domestique. Nous voici maintenant devant vous, je viens faire appel à votre indépendance, je place ma cause sous le patronage des pauvres qui ne recevront pas cet hiver, les abondants secours que nos corridas nous avaient permis de leur distribuer l'hiver dernier, et j'aborde immédiatement la discussion.

Pour que la loi Grammont soit applicable, il faut le concours de trois conditions : Publicité, mauvais traitements abusifs, caractère domestique de l'animal. Ces trois conditions se trouvent-elles réunies dans la poursuite actuelle. Les arènes sont-elles au sens ordinaire du mot un lieu public, je ne discute pas. Notez cependant cette double circonstance, pour entrer il faut payer, et celui qui entre sait d'avance ce qu'il va voir, il paye pour voir, le spectacle le remplit d'admiration. Est-ce là ce qu'à voulu réprimer la loi Grammont. Tout d'abord permettez-moi de vous dire que cette loi ne pouvait pas être faite pour les spectacles. En cette matière l'administration est souveraine, elle peut permettre ou interdire arbitrairement. A Nimes même nous en avons eu la preuve ; pendant de très longues années il a été interdit de jouer les *Huguenots*, si la loi Grammont avait dû s'appliquer aux spectacles, loin d'augmenter les pouvoirs de l'administration elle les aurait restreints. Lisez les travaux préparatoires, et vous verrez que le législateur de 1850 n'a pas entendu porter la moindre atteinte aux pouvoirs arbitraires de l'administration en matière de spectacles. Examinons la loi elle-même et pénétrons-nous de son esprit.

M. Desfontaine, le véritable auteur de la loi Grammont, s'exprime ainsi : « Lorsque le mauvais traitement a été très grave, lorsqu'il a été jusqu'à l'abus, je veux le punir mais j'exige que cet abus ait été public parce qu'il y a eu un certain scandale ».

Ces quelques mots nous révèlent la pensée tout entière de la loi « je veux punir parce qu'il y a eu scandale ». Qu'est-ce à dire, c'est que le législateur ne se préoccupe pas directement de l'animal, il punit uniquement parce qu'il y a eu scandale, il ne protège pas l'animal, il protège celui qui aurait pu souffrir du scandale. Je suis dans la rue, un charretier brutalise son cheval. J'en souffre, et si le charretier me dit, ce cheval est à moi, je lui réponds, la voie publique n'est pas à vous, j'ai le droit d'en jouir, et vous me troublez dans ma libre jouissance de la rue en vous livrant à des actes qui m'atteignent dans ma légitime sensibilité. — Nous voilà donc bien fixés sur le but du législateur, il faut qu'il y ait eu scandale ; demandons-nous tout de suite, si dans le cas qui nous occupe, il a pu y avoir scandale ; j'éclaire immédiatement ma discussion par une comparaison, je suppose qu'au lieu de donner la course dans les arènes on l'ait donnée sur la place publique, il n'y aurait plus de discussion possible. Un citoyen quelconque pourrait dire : j'ai vu sans le rechercher, j'ai été froissé dans ma sensibilité, j'invoque la loi Grammont. La loi Grammont est bien faite pour vous, lui dirait-on. Mais dans notre espèce, nous étions 15 ou 20,000 aux arènes, nous savions d'avance ce que nous allions voir, et nous avions payé pour le voir ; les matadors ont été superbes d'audace, de sang-froid, de grâce, d'élégance, notre admiration a éclaté en enthousiastes applaudissements à vingt reprises différentes, et vous voulez venger notre sensibilité.

Mais, dit M. le Procureur général, il n'y a pas à tenir compte du consentement des acteurs et des spectateurs, et il cite le cas de duellistes, ou encore de personnes qui se seraient donné la mort, dans une espèce de suicide collectif. Il est manifeste que ces cas ne peuvent être assimilés aux nôtres. Les faits auxquels fait allusion M. le Procureur général, sont toujours punissables, quelles que soient les circonstances qui les entourent, tandis que les nôtres ne sont punissables qu'à raison de ces circonstances.

M. le Procureur général cite un délit qui se rapproche davantage du nôtre. C'est l'outrage public à la pudeur. J'invoque à mon tour cette jurisprudence. Il va de soi, dit Dalloz, que l'assistance d'un certain nombre de personnes aux actes immoraux ne suffit pas pour qu'il y ait publicité, si ces personnes y ont-elles même volontairement pris part... La loi en effet n'a eu d'autre objet que de préserver la pudeur et l'honnêteté des personnes qui pourraient être les témoins involontaires d'actes contraires à la morale, — et cette jurisprudence est fortifiée par le jugement de l'affaire du bal des Quat'-z-Arts, où on lit en effet, « qu'on ne peut pas soutenir que toutes les personnes qui sont venues à ce bal y seraient venues pour être témoins de pareilles scènes sachant qu'elles devaient se produire.» Mais nous, en allant aux arènes, nous savons exactement ce que nous allons voir. Où donc est le scandale, où donc est l'outrage à la sensibilité publique. Je ne veux pas discuter plus longtemps sur ce terrain, cette assimilation même purement juridique me répugne, car il me tarde de vous dire ma pensée, toute ma pensée sur notre grand spectacle.

Ce spectacle, il est non seulement le plus grandiose que l'on puisse voir, offrant à l'œil une fête incomparable, mais je puis affirmer qu'il n'abaisse point les âmes, et que les sentiments qu'il éveille en nous sont de ceux qu'une race forte doit soigneusement cultiver. J'ai fait mon enquête, et je vous en apporte les résultats. Les penseurs, les moralistes, les poètes ont à l'envi exalté ce spectacle. Je voudrais vous lire les pages merveilleuses que lui ont consacrées Théophile Gautier, Edgard Quinet, Alexandre Dumas, Amédée Achard, Hector France, Ulback. votre éminent compatriote, Claretie, Florian, Mistral, Maffre de Baugé et tant d'autres. Je ne vous citerai qu'un mot de Théophile Gautier, qui résume l'opinion de tous. « Ce spectacle fortifie, il peut endurcir, mais à coup sûr, il ne corrompt pas. » Il ne corrompt pas. A côté de ces imposantes autorités, permettez-moi, sans fausse modestie, de placer la nôtre. Voyez la délibération du Conseil municipal, prise à l'unanimité, la délibération unanime également de notre conseil général, et je vous prie de le croire, dans nos assemblées locales siègent des hommes considérables, incapables d'obéir aux suggestions d'une popularité malsaine. Eh bien nous sommes unanimes, nous sommes pères de famille pleins de la plus active sollicitude pour nos enfants, ne croyez-vous pas que nous serions les premiers à demander la proscription de ce spectacle, s'il était de nature à souiller l'âme de nos enfants.

Et si ces autorités ne vous suffisent pas pour vous permettre de juger la moralité de ce spectacle, nous allons descendre dans l'âme d'un spectateur, suivre ses mouvements, analyser ses sentiments, en rechercher la nature et la qualité. Le quadrille fait son entrée, aux accents de *Carmen*, je suis ravi par ces costumes étincelants et par la fière et forte allure de ceux qui vont combattre. Est-ce donc un mal d'exalter le sentiment de la grâce et de l'élégance au milieu des excentricités grotesques des modes de nos jours. Mais la course est commencée et je vois un torero attendre de pied ferme, la bête furieuse et se jouer d'elle, avec pour arme une cape légère et j'applaudis son sang-froid. Un picador est par terre, un pas de plus et le taureau est sur lui, mais le chef est là, il doit même au péril de ses jours sauver son subordonné, il s'élance à la tête du taureau, le taureau se détourne à peine, et d'un coup de corne, il a fait voler dans les airs la cape du matador, le matador est désarmé, croyez-vous que cet être si frêle et si petit en face de son formidable adversaire, va reculer. Le devoir commande, il n'y faillira pas, il saisit le taureau par les cornes, le taureau se retourne, l'homme est en face de son adversaire, et il est sans arme, d'un mouvement et comme par miracle il échappe à son adversaire qui fonce sur lui. Il est hors de danger, et son picador est sauvé. Eh bien, quand nos âmes haletantes sous l'étreinte des émotions, éclatent en frénétiques applaudissements, au moment ou le danger a disparu, quel est donc le sentiment qui vibre en nous avec une incomparable intensité ?

Est-ce donc un spectale immoral que celui qui met sous nos yeux un trait d'héroïque dévouement. Et ne croyez pas que des traits de cette nature sont isolés, ils sont comme la trame du combat. Qu'un homme soit en danger, un compagnon est toujours là pour le défendre. D'un geste souvent imperceptible, le chef commande, et il est aveuglement obéi. Cette troupe de quelques hommes nous donne le spectacle de la discipline, de l'ordre, de la solidarité, de l'abnégation, du respect envers le chef, et du dévouement absolu du chef pour ses subordonnés. Croyez-vous qu'il soit mauvais à voir, un tel spectacle ? Je voudrais pouvoir vous décrire tous les actes de courage, d'endurance, de mépris du danger et des souffrances que j'ai vus de mes yeux. Un jour Espartero était en face du taureau. La bête dans un brusque mouvement détache une banderille qui va se planter dans la joue du matador. Croyez-vous qu'il ait reculé, qu'il ait interrompu le combat, il ne sent pas la douleur, il faut que son adversaire s'effondre sous son épée pour qu'il songe à sa propre blessure. N'est-ce pas là un trait admirable d'endurance. Les annales tauromachiques sont pleines de traits de cette nature, et c'est pour cela que les âmes viriles se sont toujours passionnées pour ce spectacle.

Voici les banderilleros, qu'ils sont gracieux, la cape à la main. A les voir répandus dans l'arène, vous croyez que chacun n'a d'autre préoccupation que de briller. En réalité, chacun est à sa place, là où ils doivent être pour se porter réciproquement secours. Aussi l'un d'entre eux est-il en danger, comme par hasard il a toujours un compagnon pour faire diversion. Mais je les admire bien davantage, lorsqu'ils s'arment des banderilles. Quelle merveilleuse précision ! quel sang-froid ! Comment à l'aide de simples mouvements de leur corps parviennent-ils à tromper une bête aussi agile que le tigre et plus puissante que le lion.

Voici enfin le matador, l'austère matador, comme dit Alexandre Ducros, il a bien quelque chose d'un prêtre, remarque Maffre de Baugé. Ne dirait-on pas qu'il a taillé son costume de soie et d'or, dans une riche étole. La scène change. L'homme va se placer face à face avec la bête. Jusqu'ici banderilleros, chulos ont pu jouer un moment avec la bête, mais ils se sont dérobés. La fuite doit être inconnue au matador. Il commence par se jouer du taureau ; veut-il faire montre de son adresse ? qui donc en doute ? Il veut plutôt, je crois, faire éclater aux yeux de tous la force, la puissance de son adversaire. Comment peut-il résister seulement à son souffle, qui vient jusqu'à nous, et lorsque l'épée à la main, il se précipite sur son adversaire, ce n'est pas la mort du taureau qui est en spectacle, c'est le triomphe de l'homme.

Mais nous dit-on, vous faites souffrir affreusement un animal, quels sentiments peut faire naître dans votre âme la vue des tortures et de la mort ?

M. le procureur général Manau, puisant une fois de plus ses renseignements dans les articles de Mme Séverine, vous fait de la corrida un tableau aussi inexact dans ses détails, que faux dans son ensemble. Permettez-moi de vous le dire, et pour traduire ma pensée d'un mot, M. Manau a parlé de la corrida comme un sectaire sans littérature pourrait parler du théâtre de Racine ou de Molière, avec les mêmes exagérations, les mêmes violences, la même inintelligence du spectacle, de ses conditions et de son esthétique. Certes l'horreur et la souffrance sont de puissants moyens tragiques, tous les dramaturges depuis Eschyle ont su les employer, et les malheurs fictifs qu'ils ont dépeints ont fait verser plus de larmes que les malheurs réels. Pour ma part, je n'ai rien vu de plus terrifiant que OEdipe se crevant les yeux. Ces moyens tragiques n'ont pas leur place dans la corrida. La souffrance de l'animal, vous ne la voyez pas dans les arènes, si vous la voyiez le spectacle serait faussé.

Je vous l'ai dit, la corrida est un drame, ce drame a son dénoûment vers lequel tout converge, ce dénoûment c'est le duel du matador et de la bête, c'est le triomphe de l'homme. Que faut-il donc pour que ce triomphe soit aussi éclatant que possible, je fais appel à ceux qui ont les moindres notions des règles dramatiques, il faut que jusqu'au dernier moment le taureau ait conservé son apparente supériorité. Nos adversaires méconnaissent la nature même de notre spectacle — ce qui est le spectacle c'est l'homme, et le taureau n'est là que pour mettre en relief les brillantes qualités de son adversaire. M. Uhrich, avec une finesse qui nous explique sa sympathie pour les bêtes, nous disait dans une lettre : pour remplacer vos corridas supprimées, vous pourrez aller aux abattoirs. Il n'est pas de force à comprendre que si nous voulions nous repaître du spectacle de la souffrance, il serait inutile d'engager au poids de l'or les matadors les plus illustres, un simple boucher à 3 francs nous donnerait plus de jouissances que Guerrita, qui ne se contente pas toujours de 10,000 f.

Il n'a donc pas lu le compte-rendu d'une seule course ! Il ignore donc que le public qui acclame le matador, qui d'un seul coup et sans une goutte de sang, abat le taureau, le couvre de huées, s'il est maladroit ou malheureux ! Il n'a pas lu le règlement de nos courses. Le cas est prévu — si le taureau est grièvement blessé, s'il a perdu ses forces, s'il se refuse au combat, on le fait rentrer au toril, le matador ne trouverait pas digne de lui de se mesurer avec un tel adversaire, la foule n'est pas venue aux arènes pour avoir sous les yeux le spectacle de la souffrance, elle laisse ce plaisir à ceux qui ont le triste courage d'éventrer un cerf qui pleure.— Le taureau ne souffre donc pas, parce qu'il n'est pas gravement blessé ; mais surtout il ne manifeste jamais sa souffrance. Cet animal né pour le combat, comme le vaillant soldat, ne sent même pas ses blessures, et s'il bondit sous les banderilles, ce n'est pas de douleur, mais de rage d'avoir manqué son adversaire.

Je vous l'ai dit, il faut que jusqu'au moment où il se précipite sur l'épée du matador, le taureau ait conservé toute sa vigueur, toute sa fierté, il le faut, pour rendre éclatant le dénoûment du drame.

Mais le sang, la vue du sang, disent encore nos adversaires ! Je ne sais pas s'il est bien nécessaire que nos enfants qui seront peut-être appelés à défendre la patrie en d'effroyables boucheries, n'aient jamais vu une goutte de sang, mais je sais que dans la course que vous avez à juger le sang n'a pas été répandu, chaque matador a tué son taureau d'un coup d'épée, pas une goutte de sang n'a rougi l'arène.

Nos adversaires le savent bien, et leurs mensonges me répugnent autant que leurs hypocrisies, oui hypocrisies, absence de

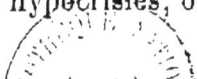

toute vraie sensibilité. Tenez, voici un journal qui s'est distingué dans la campagne qui a été menée contre nous, nous sommes des barbares, des sauvages, nous avons tué six taureaux... Il rend compte aujourd'hui d'une chasse commencée à neuf heures, finie à cinq heures, au tableau 760 pièces, et c'est nous qui sommes les massacreurs ! Décidément ce procès est le triomphe de la sottise et du pharisaïsme.

Restituons donc à la corrida son véritable et grandiose caractère. C'est la lutte de l'homme avec la bête, mais c'est la lutte où l'homme ne veut devoir la victoire qu'à son intelligence, à son sang-froid, à son courage. C'est le spectacle magnifique où l'homme loin de grimacer devant le danger et de le fuir, l'affronte et y déploie toute son élégance. — Vous pouvez le montrer à vos enfants. Ce n'est pas une école de vice ou de crime. — Mais, s'écrie M. le Procureur général, ne craignez-vous pas de voir nos jeunes gens, prendre l'habitude du couteau. — Le couteau, mais c'est l'arme du traître, de ceux qui frappent dans la nuit et par derrière. Aux arènes on apprend le loyal combat, face à face et sous l'éblouissante lueur du jour. — Voyez nos jeunes gens sortant de l'arène, l'imagination pleine de ce qu'ils viennent de voir, ils sont droits et fiers, avides de courage et d'élégance, et moi-même Messieurs, moi qui viens ici livrer le bon combat, je sens en mon âme comme la vibration du serment du matador, qui jure de vaincre. — Les écoles du vice et du crime, il faut les chercher ailleurs qu'aux arènes. Que la partie serait belle, si je voulais établir une comparaison entre notre spectacle et ceux contre lesquels nos adversaires ne trouvent rien à dire. Les théâtres de la capitale, à part quelques exceptions, y conduiriez-vous vos enfants ? les cafés-concerts, ce sont de mauvais lieux, les courses de chevaux... le démon du jeu y règne en maître. Permettez-moi, pour mieux traduire ma pensée, un souvenir personnel. Je vous ai fait tantôt la psychologie de l'aficionado, j'ai analysé avec vous tous les sentiments qu'il éprouve, à chaque incident de la course, il manque quelque chose à mon tableau. — Le matador est blessé. Le fait est très rare, quoi qu'en dise le *Figaro*, qui a pris pour le martyrologe d'une année celui de tout un

siècle. Le fait est rare, mais il est possible, j'en ai été le témoin.
Quelles sympathies vives et unanimes sont allées vers ce vaillant qui avait été vaincu, quelle joie quand nous apprîmes que
sa blessure ne serait point mortelle ! — J'ai vu quelque temps
après un malheureux jockey, la tête fracassée dans une chute et
j'ai surpris tout autour de moi, chez les uns, des ricanements
de joie, mal déguisés, leurs chances de gain venaient d'augmenter ; chez d'autres, l'affreux rictus de l'homme qui se sent ruiné,
perdu, qui a puisé dans la caisse de son patron, — on ne songe
guère à la malheureuse victime. Le démon du jeu a éteint toute
sympathie, toute humanité dans ces âmes... où donc est l'école
du crime et du vice ? et si ces journalistes qui nous insultent
étaient réellement jaloux de relever le niveau moral du pays, ne
feraient-ils pas mieux de surveiller ce que leur feuille débite,
les chroniques graveleuses, les romans-feuilletons, leurs comptes
rendus si copieux de tous les crimes, aliment de malsaines
curiosités.

Ce qui nous révolte, c'est la choquante inégalité. Si nous
avions à la place Bauveau, le ministre de l'intérieur qui voulait
allonger les robes des danseuses, nous nous inclinerions sous le
niveau commun, mais M. Leygues, qui cependant ne manque-
rait pas de compétence à cet égard, ne nourrit pas de semblables
desseins, et quand aucune barrière n'est opposée aux obscénités
qui nous envahissent de toutes parts, il est agaçant de voir la
sottise, l'hypocrisie, la fausse sensibilité excitées peut-être par
l'or espagnol se tourner contre nous et crier à l'immoralité.
Mais nous ne sommes plus des mineurs, nous revendiquons
notre libre arbitre et quand une population tout entière, ayant à
sa tête ses penseurs, ses élus réclame le respect de ses goûts,
de son passé, il est peut-être singulièrement osé de la traiter
en hérétique de la morale.

Et puisque on a posé la question sur ce terrain, reconnaissant
qu'une question de moralité dominait nécessairement le procès,
je vous le demande à vous, magistrats, étrangers à nos mœurs,
à nos goûts, quand toute une population prenant pour devise le
mot de Théophile Gautier vous dit « ce spectacle ne corrompt pas »,

aurez-vous, vous qui n'avez jamais vu ce spectacle, aurez-vous le courage de dire — Ce spectacle, il est démoralisateur.

Non, vous direz que vous avez au moins un doute, ce doute nous profite, c'est notre acquittement, et s'il convient au ministère de demain de continuer la lutte contre nous, nous retournerons devant la Cour de Cassation, toutes chambres réunies, nous avons la certitude que le Midi y trouvera d'éminents champions, et que ce débat se terminera par la victoire de la liberté. Le procès, dans tous les cas, vaut bien la peine d'être soumis à cette suprême juridiction.

J'en ai fini avec la première partie de ma tâche. C'est celle qui me tenait le plus au cœur. J'avais à défendre mon pays contre de ridicules accusations. Ce Midi nègre, comme l'appelle Séverine, a une brillante et honorable histoire, il a donné l'exemple de toutes les hardiesses de la pensée et de l'action et de la fidélité désintéressée. Il a vu naître les premiers républicains, il compte aujourd'hui les derniers royalistes.

J'arrive à l'examen de la seconde condition. Mauvais traitements exercés abusivement. Les mauvais traitements ne suffisent pas pour constituer le délit, il faut encore qu'ils aient été exercés abusivement. Qu'entend-on par ce mot ? — Pour qu'il y ait abus il faut : 1· que les mauvais traitements aient atteint une certaine gravité, et 2· qu'ils aient été exercés sans raison, sans profit, sans intérêt. C'est ce que la jurisprudence nous révèle, j'aurai bientôt l'honneur de vous le démontrer. — Y a-t-il eu excès dans les faits relevés par le procès-verbal. — Ne parlons pas des coups de piques, les picadors ne sont pas en cause, ne parlons pas davantage de la pose des banderilles, puisque les banderilleros n'ont pas été assignés. Le seul fait retenu est donc la mise à mort du taureau. Nous savons que chaque taureau a été foudroyé d'un seul coup d'épée. Est-ce là le mauvais traitement prévu par la loi ? M. Uhrich, dans une lettre sur laquelle j'aurai l'occasion de revenir, dit en parlant des pigeons massacrés dans un tir, ils ne souffrent pas, ils sont tués du premier coup, il n'y a donc pas de mauvais traitements donnant prise à l'application de la loi Grammont. Eh bien pourquoi deux poids et deux me-

sures. Le taureau tué d'un seul coup l'épée ne souffre pas plus
que le pigeon, qui tombe sous le plomb. Je l'ai dit devant M. le
juge de paix de Nimes, je le répète devant vous, si j'inflige des
souffrances à l'animal, si je remets l'épée à une main maladroite
et inexpérimentée, vous pourrez poursuivre. Mais vous n'avez à
juger que la course du 14 octobre ; d'après la thèse de M. Uhrich
lui-même, elle ne tomberait pas sous le coup de la loi.

Je vous ai dit que pour qu'il y ait abus, il faut non seulement
quele mauvais traitement ait été très grave, qu'il ait été de nature à causer du scandale, mais il faut encore qu'il ait été exer-
cé, sans intérêt, sans profit, par pure méchanceté. La loi de 1850
n'a pas entendu porter la moindre atteinte au droit de propriété.
Cet animal est ma chose, j'ai le droit de tirer de lui tout le profit
qu'il est susceptible de me donner, quelles que soient les
souffrances que ma manière d'en user lui inflige. La loi n'a voulu
réprimer que les actes de brutalité inutile, les actes de violence
inspirés par le caprice et la méchanceté. L'intérêt, le profit,
marquent en quelque sorte la frontière de la loi. — Est-ce bien
là la portée de la loi. Examinons la jurisprudence. Un boucher
tuait ses cochons avec une désespérante lenteur, prolongeant indéfiniment leur agonie. — Poursuivi, il se défendit en disant : ce
n'est point par méchanceté que j'agis ainsi, mais je recueille tout
le sang, et la viande est meilleure. L'intérêt était bien constaté,
il fut acquitté. Les Israélites, vous savez les souffrances qu'ils
font subir aux animaux destinés à leur alimentation. Eux aussi
ils furent poursuivis. Où donc, dirent-ils, est la cruauté inutile ?
C'est notre religion qui nous prescrit... intérêt moral — ils furent acquittés. Et la vivisection, pourquoi ne la poursuit-on pas ?
Voici un éminent conférencier, qui promène de ville en ville ses
théories sur les alcools. Il a avec lui ces intéressants petits animaux qu'on appelle des cobayes. En commençant sa conférence
il leur injecte, à l'un de l'alcool pur, à l'autre de l'alcool de cabaret, et au bout de quelques instants, l'auditoire nombreux et
choisi peut voir l'infortuné cobaye, — celui qui eut la mal-
chance — se tordre dans d'atroces douleurs. On ne poursuit pas,
intérêt scientifique.

Mais ce n'est pas seulement devant un intérêt d'un ordre aussi élevé que la loi s'incline, voici d'autres exemples. Le foie de canard est exquis, mais on ne l'obtient qu'au prix d'abominables et continuelles indigestions données au pauvre animal. On ne songe pas à poursuivre. Et vous, vieux Messieurs et vieilles filles qui composez la Société protectrice des animaux et qui êtes certainement gourmands comme tous les gens à fausse sensibilité, vous êtes-vous demandé si ces mets exquis que vous recherchez tant n'ont pas été obtenus au prix de cruelles souffrances ? les écrevisses, les homards, ces poissons qui doivent être jetés vivants dans l'eau bouillante... Votre gourmandise fait taire votre sensibilité. Un dernier exemple, puisé dans votre ville même : au restaurant hier, je lie conversation avec mon voisin, c'était un Monsieur d'un certain âge, qui me parut être de très bonne éducation. Il ne tarda pas à m'apprendre qu'il appartenait à la Société protectrice des animaux, et qu'il était venu à Limoges pour suivre le procès. Je me fis connaître et immédiatement la discussion s'engagea, courtoise, inutile de vous le dire. J'exposais l'argument que je plaide en ce moment ; lorsque le Monsieur m'interrompant, appela le garçon : — Avez-vous des huîtres, — bien fraîches. Donnez-m'en une douzaine. Nous continuâmes. On apporte les huîtres. L'intérêt, me disait-il en tenant son huître à la main, le profit ne sauraient légitimer les souffrances infligées aux animaux. Comment, lui dis-je, mais cette huître que vous avez là, on l'a tranchée vivante, je la vois se contracter sous la gouttelette de votre citron. C'est bien un animal domestique, d'après la nouvelle théorie de la Cour de Cassation; nous sommes ici dans un lieu public... Que devient donc cette fraternelle sympathie que vous manifestez pour tous les êtres animés, pourquoi la refuseriez-vous à cet intéressant mollusque ? Que devient la loi dont vous avez la garde ?

— Que voulez-vous, me dit-il, elles sont si bonnes.

J'ignore si mon adversaire improvisé est dans cette salle, qu'il se rassure, je ne le dénoncerai pas.

Voilà donc, par de nombreux exemples, justifié que la loi Grammont s'incline devant l'intérêt, quelle que soit sa nature. Pou-

vons-nous justifier d'un intérêt. Ce taureau, si je l'envoie à
l'abattoir, il me rapportera 300 francs. S'il tombe sous l'épée du
matador, il me fait faire une recette. Enorme différence. Ici
l'intérêt particulier est d'accord avec l'intérêt général. Quelle
source de revenus pour Nimes! A la course de Guerrita, l'af-
fluence était si grande, que bien des étrangers n'ont pu trouver
un lit dans Nimes. Et nos pauvres, nos pauvres auxquels je ne
cesse de penser. Ces 10,000 fr. c'était la manne pour eux. Que
de tristes intérieurs se sont éclairés d'un rayon de joie en rece-
vant en nature ou en argent les secours que la corrida permettait
de distribuer. Ils ne les recevront pas cet hiver... Qu'importe
à nos adversaires... Je vois d'ici M. Uhrich, les pieds sur les
chenêts, dans un milieu de confortable et de luxe, se disant
béatement : Grâce à moi, 30 ou 40 taureaux vivent encore qui
sans moi seraient morts dans l'arène... Ils sont morts ailleurs
sans doute... Quelle satisfaction ! Mais grâce à vous,cent familles
peut-être, souffrent de la faim et du froid. Ce ne sont que des
êtres humains... Si au moins nous sentions dans nos adversaires, une conviction profonde, une ardente sympathie pour nos
frères inférieurs ! Mais il n'en est rien, et à part Séverine, nous
n'avons trouvé nulle part l'écho de cette fraternité. Nous avons
dénoncé à M. Uhrich, les courses de chevaux, les chasses à
courre, l'hallali, la curée, le chien éventré, le cerf qui pleure,
servi au couteau. Pas un mot. Nous lui avons dénoncé le tir
aux pigeons,et nous avons obtenu cette triste réponse : Le pigeon
ne souffre pas; parce qu'il est tué sur le coup. Il n'est donc
jamais blessé !! Ne discutons pas avec de tels adversaires ; seul
une espèce d'amour-propre les a guidés. Jugez donc. M. Uhrich,
ancien officier, qui a abandonné l'épée, pour tomber dans un
monde de vieilles filles qui n'ont de préoccupation que pour leur
chat ou leur perroquet, il a gourmandé les ministres, il a dénoncé
un maire, il s'est cru investi d'une espèce de magistrature supé-
rieure. Quelle gloire ! Mais quelle prudence aussi, car si
M. Uhrich n'a rien dit contre les chasses à courre, les courses de
chevaux, s'il a couvert d'une contrevérité les tirs aux pigeons,
c'est qu'il sait d'où vient l'argent qui alimente sa Société, et il ne

veut pas froisser ceux qui l'entretiennent. Mais vous, Messieurs, que de telles considérations ne sauraient toucher, vous rendrez un nouvel hommage à la loi, en l'appliquant selon sa lettre et son esprit, tel que vous le révèle la jurisprudence que je vous ai citée.

J'arrive au dernier point de ma discussion. Le taureau de combat est-il un animal domestique? Sur cette question nous ne pouvions pas penser qu'il pût y avoir un doute. Toujours le taureau de course a été considéré, non pas par nous seulement, mais par l'administration, par les pouvoirs publics, comme un animal sauvage. Tenez, voici un arrêté préfectoral en date du 17 mars 1851. Les courses de taureaux sauvages sont interdites dans le département du Gard. A chaque ligne : taureaux sauvages. Cet arrêté n'a jamais été rapporté, bien qu'il ne soit plus appliqué depuis longtemps. Mais il a donné lieu à des poursuites, à des condamnations, voyez-vous nos magistrats après avoir déclaré jusqu'à présent que le taureau de course était un animal sauvage, obligés de dire aujourd'hui qu'il est un animal domestique. Cruelle situation. Depuis l'arrêt de la Cour de Cassation, il a été donné quelques courses, des poursuites ont été ordonnées, et les magistrats chargés de juger, renvoient indéfiniment leur sentence. Placés dans l'alternative de manquer de respect à la décision de la Cour suprême, ou de mentir à leur conscience, ils éloignent cette coupe amère...

Où donc est la vérité? La Cour de Cassation a-t-elle raison contre une tradition incontestée ? Nous interrogerons les différentes définitions qui nous ont été données de l'animal domestique par les auteurs, par la Cour de Cassation elle-même. Nous rechercherons des lumières dans l'étymologie et dans l'histoire naturelle.

Tout d'abord dissipons une équivoque. Nous ne disons pas, tout taureau né en Espagne est un animal sauvage ; non, nous disons : en Espagne à côté des races domestiques, il y a des races sauvages. Vous trouverez dans mon dossier, un document où ces races sont énumérées; en France même il y a une race sauvage, c'est la race Camargue. Consultez M. le Procureur de la République, votre chef, l'éminent magistrat, qui est à la tête du parquet de la Cour, demandez-lui ce qu'il pense du taureau Camargue. Même réduit à l'état de bœuf, il n'accepte jamais la maîtrise de l'homme, il est d'une férocité irréductible. Et d'ailleurs s'il n'y avait pas une différence foncière entre le taureau de courses et le taureau domestique, comment aurait-on pu appliquer l'arrêté de 1851 ? — Larousse, au mot taureau, apprend à ceux qui ne le savent pas encore, qu'il y a des races de taureaux sauvages soit en France, soit en Espagne. M. le Procureur général, qui a consulté Littré, ne peut pas se représenter qu'il y ait des taureaux sauvages et des taureaux domestiques, et en parlant du taureau de course, il dit : ce n'est qu'un taureau. Cependant faut-il chercher bien loin pour trouver dans la même race, un double exemplaire, l'un resté sauvage, l'autre devenu domestique. Nos basses-cours vont nous en donner la preuve, voyez ce lourd canard, qui vient manger gloutonnement la mie que vous lui jetez, n'a-t-il pas un frère dans les airs ? Le perroquet, qui jase sur son perchoir, la pie, l'éléphant qui semble comprendre notre langage n'ont-ils pas des parents rapprochés dans les forêts?

Et puisque M. le Procureur général ne croit pas qu'il puisse y avoir une différence entre le taureau de combat et le taureau domestique, parce que le premier est un taureau comme l'autre, je l'engage à organiser une chasse dans sa basse-cour, rien ne ressemble plus à un lapin qu'un lapin...

Ainsi donc, dire d'un taureau de combat « ce n'est qu'un taureau » et prétendre dès lors qu'il doit être nécessairement domestique parce qu'il y a des taureaux domestiques, c'est méconnaître l'évidence même. Il faut rechercher quelles sont les différences qu'il y a entre le taureau de course et le taureau domestique et nous demander si ces différences nous autorisent à conclure que le taureau de course est un animal sauvage. — Qu'est-ce que c'est que l'animal domestique ? — M. Dupuy, l'ancien Président du Conseil, avant de songer à faire de la politique, il faisait des manuels à l'usage des enfants. Il définit les animaux domestiques, « ceux qui sont les familiers de notre maison, les compagnons de nos travaux ». La Cour de cassation, dans l'arrêt du 14 mars 1861, les définit : « Les êtres animés qui vivent, s'élèvent, sont nourris, se reproduisent sous le toit de l'homme et par ses soins. »

Peut-on faire entrer le taureau de combat dans cette définition ? — Je réponds hardiment non, avec la Cour de cassation elle-même. Pour arriver à nous condamner elle a changé la définition qu'elle avait précédemment donnée, mais elle l'a changée en en retranchant la partie essentielle, je vous le prouverai dans quelques instants, le dictionnaire à la main. Le taureau de combat vit par grands troupeaux dans des pacages immenses, éloignés de toute habitation, il est réfractaire à toute domestication. Il ne peut rendre aucun service à l'agriculture, il n'accepte jamais la société de l'homme, il joint à ce naturel qui suffirait à le classer parmi les animaux sauvages, un caractère féroce. Il se jette sur l'homme sans provocation.— Si vous avez un doute à cet égard, un certificat de l'alcade de Séville que vous trouverez dans mon dossier, et que je n'ai fait que traduire vous fixera définitivement. Mais Monsieur le Procureur général qui veut à toute force placer le taureau de combat parmi les protégés de M. Uhrich relève certains faits, je les discuterai l'un après l'autre. Tout d'abord, nous dit-il, l'homme intervient à un moment donné. Au moment où le veau est séparé de sa mère il est procédé à un espèce d'essai, appelé la *tienta*. Un homme est à cheval ; à sa vue, le veau se jette sur lui, il est piqué et repoussé ; s'il fuit il est réservé à l'abattoir, s'il s'acharne il est destiné aux gloires de l'arène. Au lieu de tirer de cet essai les conclusions qu'en tire Monsieur le Procureur général, ne faut-il pas y voir la preuve de la férocité native, du caractère sauvage de l'animal ? Comment, voilà un veau sans force, quand il voit l'homme pour la première fois, il se jette sur lui, piqué il revient à la charge. Singulier animal domestique. Après, l'homme n'intervient plus, si ce n'est pour faire respecter l'isolement dans lequel le taureau va vivre ; au sein de la liberté vont se développer ses instincts naturels. Le troupeau est gardé, il est vrai, par des gardiens, mais nous savons qu'ils s'en tiennent à une très grande distance, le taureau qui a la vue grossière ne les voit pas.

Ils ne les gouvernent qu'à l'aide de bœufs domestiques dressés à cet effet, appelés *cabestros*. Ici Monsieur le Procureur général triomphe. Comment peut-on supposer, dit-il, qu'un animal sauvage accepte la domination d'un animal domestique, et lui reconnaisse l'autorité d'un père de famille. Réduisons les choses à leurs véritables proportions. Ne vous figurez pas que le taureau obéisse docilement au *cabestro*. Le taureau, comme tous les animaux vivant en troupeau se rapproche toujours de son congénère. C'est simplement cet instinct que l'homme a utilisé pour mener le taureau. Veut-on séparer un taureau du troupeau, on tâchera de l'entourer de cabestros, le cabestro a l'habitude de suivre le cheval, dès que le taureau sera enveloppé, l'homme à cheval s'approche des cabestros, qui vont le suivre, et avec eux le taureau qui est au milieu. Si cette opération qui est quelquefois fort longue n'avait pas été connue — Panurge l'aurait inventée. — Voilà à quoi se réduit cette autorité de père de famille que Monsieur le Procureur général attribue ironiquement à ces bœufs infortunés. Le taureau n'obéit pas plus au cabestro, que l'oiseau n'obéit à l'appeau. Que vous dirai-je maintenant de la férocité de cet animal élevé dans la solitude et la liberté ? — Voyez les mesures de précautions qui sont prises pour les transporter, je vous ai montré la photographie des cages en bois et en fer massif dans lesquelles on les fait voyager. On ne pourrait même pas les enfermer comme le lion et le tigre dans des cages en fer à claire-voie. Ils briseraient tout, ou ils se tueraient. Cet animal ne peut pas supporter la vue de l'homme. — Voyez-le dans le corral, c'est-à-dire dans la spacieuse écurie et la large cour, où il se repose des fatigues du voyage — rien ne lui manque : de l'avoine, de la luzerne, de l'eau, une douche s'il s'est blessé. Il aperçoit l'homme qui le soigne. Qu'il soit bien prudent ce gardien, le taureau le guette, et que de fois ne l'avons-nous pas vu enfoncer sa corne dans l'abri en bois derrière lequel le gardien s'est caché. Comment pourriez-vous alors assimiler ce taureau au bouledogue, à l'étalon ? L'étalon vous mordra si vous passez près de lui, il ruera peut-être, seul dans l'arène il resterait stupide, immobile. Le bouledogue, mais il connaît son maître, et nous l'avons tous vu se rouler à ses pieds dans la posture d'un suppliant. Le taureau ne connaît pas de maître. Ne dites pas que cette férocité est factice. M. le Procureur général qui a eu la prétention d'en remontrer aux initiés de la corrida nous a parlé de préparation, d'ingrédients, ou encore de la devise qui se plante au taureau. Mais je vous ai prouvé que M. le Procureur général avait puisé ses renseignements chez Séverine, ce père Loriquet de l'histoire tauromachique. Poussé dans ses derniers retranchements, il dit alors : Cette férocité est artificielle.

Naturellement le taureau serait domestique, il deviendrait sauvage artificiellement. Je ne sais pas à quelle école scientifique appartient M. le Procureur général, mais ses théories me paraissent un peu surannées. Il est sans doute, de ceux qui placent l'âge d'or à l'origine du monde et estiment qu'au commencement des temps le tigre et le mouton vivaient dans une fraternelle intimité sous l'œil bienveillant de l'homme. Nous croyons aujourd'hui que tout animal est naturellement sauvage, et artificiellement domestique. Le cheval lui-même, ce type de l'animal domestique, a dû être conquis par l'homme. — Et quand vous ajoutez : mais ce taureau aurait pu être domestique. — Je vous réponds : c'est inexact, et je pourrai vous citer l'histoire de ce taureau élevé au biberon par un tonnelier, à deux ans il avait blessé plusieurs voisins, son maître, son bon maître lui-même, qui dut s'en débarrasser. A cinq ans il parut dans l'arène et se distingua par sa bravoure. Mais au surplus, en disant cet animal aurait pu être domestique, vous reconnaissez donc qu'il n'était pas domestique, et cette constatation ruine la prévention.

Voilà donc le taureau de combat. Il vit loin de l'homme, dans d'immenses pacages, jamais une étable ne l'abrita ; il vit en pleine liberté, dans des solitudes désertes, et sans que l'homme soit intervenu dans le développement de ses instincts, il ne reconnaît jamais l'homme pour maître, il ne voit en lui qu'un ennemi. Est-ce là l'animal domestique ? Mais l'animal domestique c'est celui qui vit sous le toit de l'homme. Dans toutes les définitions de l'animal domestique, les unes plus étroites, les autres plus larges, vous trouvez toujours cet élément invariable « le toit de l'homme », l'étymologie du mot, le commande.— Prenez un dictionnaire, car c'est une question de lexicologie que nous plaidons. *Domus*, maison, il n' y a d'animal domestique, selon M. Dupuy lui-même, que celui qui est familier de notre maison. Donnez à ce mot maison, le sens le plus large que vous voudrez, comprenez-y ses dépendances, vous ne pouvez pas considérer comme une dépendance de la maison d'immenses pacages dans lesquels ne se trouve pas la moindre habitation.

Aussi bien la Cour de cassation soumise à la grammaire, qui autrefois régentait les rois, avait elle donné dans son arrêt de 1861 la définition vraie de l'animal domestique. Cette définition que nous avions tout lieu de croire définitive, était notre sauvegarde. La Cour de cassation l'a changée, l'éminent rapporteur M. Accarias dit simplement dans son rapport : cette définition ne nous permettrait pas de condamner, changeons-la ou donnons au mot maison un sens très étendu qui nous permettra de comprendre sous cette dénomination d'immenses pacages où aucune maison ne se trouve. Singuliers procédés d'interprétation en matière pénale. On ne prend pas de semblables libertés avec la langue française. Aussi je peux bien le dire, l'arrêt de la Cour de cassation n'a pas été reçu avec le respect qui accompagne habituellement les décisions de la Cour suprême. Tout homme ayant quelque instruction a affirmé hautement que la Cour de cassation en modifiant sa définition première de l'animal domestique, et en retranchant de cette définition ce qui en constitue la substance même, l'avait pris un peu trop à l'aise avec la langue française, et les journaux qui nous avaient combattu, de plus en plus rares aujourd'hui que la cause est mieux connue, n'ont pas été les derniers à mettre en relief ces libertés de la Cour suprême.

— Vous direz, restituant aux mots leur signification véritable, que l'ancienne définition était la seule bonne, et en y revenant vous rendrez hommage à la vérité et à la langue française. Que si, vous fondant sur cette intervention de l'homme, que j'ai réduite à ses véritables proportions, vous vous obstiniez à déclarer domestique le taureau de combat, je vous ferai observer que le gibier dit d'élevage, est nourri, soigné, logé par l'homme, qu'il se reproduit par ses soins. — Prenez garde, M. le Procureur général; le faisan que vous abattez dans vos grandes chasses, est un animal domestique, aux termes de votre dernière définition. *Une dernière considération* : Nos courses sont fort anciennes, elles se lient et se lieront à l'avenir à notre histoire locale, car elles triompheront de cet obstacle comme elles ont triomphé de beaucoup d'autres. Elles existaient en 1850, elles ont existé après; et bien, je vous le demande, si la loi Grammont leur avait été applicable, croyez-vous que le ministère public serait resté muet pendant un demi-siècle. Mais, dit M. le Procureur général, frappé par la gravité de cette considération, la loi ne tombe pas en désuétude. Qui parle de désuétude? Est-ce que la loi Grammont n'a pas été constamment en vigueur depuis 1850, et il ajoute alors : si on n'a pas poursuivi sous l'empire, c'est que l'impératrice était espagnole. — Quel argument ! et dire qu'il tombe des lèvres du Procureur général à la Cour de cassation ; quelle haute idée se fait ce magistrat de l'indépendance de ses prédécesseurs, Je souhaite ardemment que ceux qui viendront après lui, lui rendent meilleure justice. — Mais l'Empire n'est-il pas tombé depuis un quart de siècle, pourquoi n'a-t-on pas poursuivi. Que dis-je, on a souvent encouragé, et vous qui reprochez aux magistrats de l'Empire d'avoir cédé aux caprices de la souveraine, à quel moment vous sont venues ces ardentes convictions ? Le jour même où un ministre mal informé interdisait les courses, alors que huit jours avant il les favorisait. Il y a des coïncidences sur lesquelles il ne faut pas appuyer. — Il faut donc conclure que si pendant un demi-siècle on n'a pas songé à poursuivre, c'est qu'on avait le sentiment très net que la loi n'était pas applicable. J'ai fini, Messieurs. Mais au moment où je vais cesser de parler d'une cause qui me tient tant au cœur, puisque c'est celle de tout un pays qui m'a chargé de le défendre, je me demande si j'ai fait tout ce que j'aurais pu faire, si mes efforts n'ont pas trahi ma volonté. Il faudrait que vous ayez pu voir ce spectacle qu'on veut nous interdire, nos vieilles arènes disparaissant sous les masses humaines et comme animées elles-mêmes d'une vie prodigieuse, ce soleil ruisselant, ces couleurs, cette fraternité intense d'un même sentiment d'admiration éprouvé en commun par un peuple entier. Aux arènes, rien ne nous sépare, assis sur la pierre, pressés les uns contre les autres, sous une lueur éblouissante, rien ne vient briser les courants électriques de nos émotions, et quand les applaudissements éclatent ils ne sont pas comme dans nos théâtres, timides, discrets, anémiés en quelque sorte, c'est l'âme d'un peuple qu'on entend vibrer avec une incomparable intensité.

Voilà le spectacle qu'on veut interdire. Aveugles que vous êtes, vous appauvrissez notre beau pays, laissez donc aux provinces ce qui faisait leur puissante originalité. Ne trouvez-vous pas que nous allons assez vite à l'uniformité incolore et plate. Ne trouvez-vous pas que nous glissons assez vite vers les fades obscénités qui nous viennent de la capitale. Par une coïncidence ironique, le jour même où au nom de la moralité publique, le ministre prohibait nos jeux virils, on livrait la rue à des artistes parisiens, qui clamaient des chansons dont le titre même ne peut pas être répété ici. Arrière cette fausse sensibilité, cette hypocrisie que la France loyale a toujours méprisée. Laissons chacun dans notre libre pays prendre le divertissement qui lui convient. Ne craignez rien. Un spectacle que préside un poète et qu'un peuple tout entier acclame, est un spectacle bon et beau. Au nom de la liberté, je réclame le respect de nos goûts. Nous gens du Midi, nous n'avons pas la prétention de conquérir le Nord. Nous ne voulons pas imposer nos goûts aux autres. Nous voulons qu'on respecte les nôtres, et tous les hommes de bon sens sont aujourd'hui avec nous. Nous voulons nos corridas parce qu'elles nous préservent des fadeurs obscènes du café-concert et de l'empoisonnement du cabaret. Nous les voulons parce qu'elles développent en nous les plus beaux sentiments, parce qu'elles développent l'enthousiasme, l'enthousiasme qui prend sa source dans la partie noble du cœur, nous les voulons, parce que dans nos grandes arènes, brûlées autrefois par les hommes du Nord, et que les hommes du Nord voudraient aujourd'hui fermer, sous notre soleil, notre radieux soleil, sur ces pierres romaines, elles nous rappellent un grand passé. Laissez-nous notre spectacle. C'est un service que vous

rendrez à tout le monde, à nous comme au Ministre, qui serait
sans doute heureux d'apprendre que la question des courses a
été tranchée dans le sens de la liberté. Mais ce n'est pas un service que je vous demande, c'est le droit, le droit consacré par la
loi, par la tradition, le droit consacré par la langue française.

Nimes. — Imprimerie G. GORY, 12, rue de la Banque.